Un Aforisma al Giorno

Amicizia

1. "L'amicizia è la poesia della vita."

2. "Gli amici sono le stelle che illuminano il buio della nostra esistenza."

3. "Un vero amico è come una stella, lo vedi poco, ma sai che è sempre lì."

4. "L'amicizia è il sole che asciuga le lacrime e illumina i giorni grigi."

5. "In un mondo di cambiamenti, un amico rimane il punto fisso."

6. "Gli amici sono come le stelle, non sempre visibili, ma sempre presenti."

7. "Con un amico accanto, ogni strada diventa più leggera da percorrere."

8. "L'amicizia è il tesoro più prezioso, custodito nel cuore."

9. "Un amico è il rifugio sicuro nei momenti tempestosi della vita."

10. "L'amicizia è il linguaggio dell'anima, compreso anche senza parole."

11. "Gli amici sono come diamanti, preziosi e eterni."

12. "In ogni risata condivisa, si costruisce un ponte indelebile tra cuori."

13. "Nell'amicizia, la diversità è una ricchezza, non una barriera."

14. "Gli amici sono come le note di una melodia, insieme creano armonia."

15. "L'amicizia è il collante che tiene uniti i frammenti del cuore."

16. "Un amico è colui che conosce la tua canzone e ti aiuta a cantarla quando ne hai bisogno."

17. "Tra amici non ci sono distanze, solo cuori che battono all'unisono."

18. "Nell'amicizia, ogni piccolo gesto è un grande dono."

19. "Gli amici sono i capitani delle nostre anime in navigazione."

20. "L'amicizia è il sole che fa fiorire il giardino dell'anima."

21. "La vera amicizia è come una pianta, cresce con cure costanti."

22. "Nel libro della vita, gli amici sono le pagine più belle."

23. "Gli amici sono come le onde, portano freschezza e vitalità nella nostra esistenza."

24. "L'amicizia è la magia che rende i giorni ordinari straordinari."

25. "Con un amico, ogni momento diventa un ricordo prezioso."

26. "Gli amici sono il collante che tiene insieme i frammenti della nostra storia."

27. "Nell'amicizia, la fiducia è il filo d'oro che lega i cuori."

28. "Gli amici sono il tesoro nascosto nella miniera della vita quotidiana."

29. "Un amico è il riflesso di chi siamo e la promessa di chi possiamo diventare."

30. "Nell'amicizia, il tempo è un regalo, non una limitazione."

31. "Gli amici sono come le stelle cadenti, rendono i desideri realtà."

32. "L'amicizia è il profumo che lasciano le rose sul sentiero della vita."

33. "Nell'amicizia, il silenzio è una conversazione che va al di là delle parole."

34. "Gli amici sono come il vento, talvolta leggero, talvolta tempestoso, ma sempre presente."

35. "L'amicizia è la luce che illumina anche il più buio degli angoli."

36. "Un amico è come un libro, non è necessario averlo sempre aperto, ma sai dove trovarlo quando ne hai bisogno."

37. "Nell'amicizia, ogni differenza è una nota che contribuisce alla sinfonia della vita."

38. "Gli amici sono i guardiani dei nostri segreti più profondi."

39. "L'amicizia è come una pianta, ha bisogno di cura e attenzione per crescere forte e sana."

40. "Nell'amicizia, la condivisione rende ogni peso più leggero."

41. "Gli amici sono i compagni di viaggio che rendono il percorso più bello."

42. "L'amicizia è il tè caldo che riscalda il cuore nei giorni freddi."

43. "Nel giardino dell'amicizia, i sorrisi sono i fiori più belli."

44. "Gli amici sono come le stelle, anche quando non le vedi, sai che sono lì."

45. "L'amicizia è la colla che tiene insieme i pezzi della nostra fragilità."

46. "Nell'amicizia, la sincerità è il fondamento su cui si costruisce tutto."

47. "Gli amici sono come l'arcobaleno, portano colori nella nostra vita."

48. "Un amico è come una luce nella notte, guida e conforto nei momenti bui."

49. "L'amicizia è un viaggio condiviso, con tappe memorabili lungo la strada."

50. "Gli amici sono le pietre preziose nella nostra collezione di gioielli della vita."

Amore

1. L'amore è il linguaggio universale dell'anima.

2. Nell'amore, il cuore parla più forte delle parole.

3. Chi ama trova la forza nei momenti di debolezza.

4. L'amore è il sole che scioglie il ghiaccio del cuore.

5. Il vero amore è come una rosa, bello ma con spine.

6. L'amore è la musica dell'anima.

7. Nell'amore, la fiducia è il collante che tiene tutto insieme.

8. L'amore è il profumo che il fiore emana quando viene schiacciato.

9. Amare è risvegliare il cuore addormentato.

10. L'amore è una danza, dove il cuore e l'anima si muovono all'unisono.

11. Chi ama, trova il paradiso nelle braccia dell'altro.

12. L'amore è l'arte di donarsi senza perdere se stessi.

13. Nel giardino dell'amore, il rispetto è il fiore più bello.

14. L'amore è il dolce tormento che fa battere il cuore.

15. La bellezza dell'amore risiede nella sua semplicità.

16. Nell'amore, il tempo si ferma per lasciare spazio all'eternità.

17. Amare è trovare la propria felicità nella felicità dell'altro.

18. L'amore è la forza che trasforma la vita in un viaggio straordinario.

19. Nel silenzio dell'amore, le parole diventano superflue.

20. L'amore è la luce che illumina anche il più buio degli angoli.

21. Chi ama comprende il linguaggio degli sguardi.

22. L'amore è come una poesia, scritta con emozioni e letta con il cuore.

23. Nel cuore dell'amore, la gentilezza è una lingua universale.

24. L'amore è il segreto della felicità, custodito nel cuore.

25. Amare è essere disposti a condividere la propria vulnerabilità.

26. L'amore è il tesoro nascosto nel cuore di chi lo coltiva.

27. Nel labirinto dell'amore, la fiducia è la chiave della libertà.

28. Chi ama, trova il senso più profondo della vita.

29. L'amore è il respiro dell'anima che dona vita al cuore.

30. Nell'amore, la pazienza è la linfa vitale della relazione.

31. L'amore è la forza che trasforma il comune in straordinario.

32. Chi ama, vede la bellezza anche nelle imperfezioni.

33. L'amore è come una pietra preziosa, va coltivato e custodito.

34. Nel gioco dell'amore, la spontaneità è la regola d'oro.

35. L'amore è il magico equilibrio tra dare e ricevere.

36. Nel silenzio dell'amore, il cuore parla più forte.

37. Amare è vedere l'altro come un riflesso di se stessi.

38. L'amore è il raggio di sole che illumina i giorni nuvolosi.

39. Chi ama, sa che il vero tesoro è nel donare.

40. L'amore è il canto che l'anima intona quando è felice.

41. Nell'amore, la verità è il fondamento della connessione.

42. Amare è navigare insieme nei mari dell'incertezza.

43. L'amore è il profumo che il cuore lascia sulla vita degli altri.

44. Nel giardino dell'amore, la comprensione è il fiore più profumato.

45. Chi ama, trova la gioia nelle piccole cose della vita.

46. L'amore è l'arte di trasformare i giorni in opere d'arte.

47. Nell'amore, il coraggio è la forza che supera le paure.

48. Amare è camminare insieme, anche quando la strada è impervia.

49. L'amore è il filo invisibile che unisce cuori lontani.

50. Nel libro dell'amore, ogni pagina racconta una storia unica.

Vita

1. La vita è un viaggio, non una destinazione.

2. Le sfide sono i mattoni con cui costruiamo il nostro cammino.

3. Ogni giorno è un'opportunità per iniziare di nuovo.

4. La felicità è una scelta, non una condizione.

5. La vita è troppo breve per essere triste.
Sorridi più spesso.

6. I fallimenti sono trampolini di lancio per il
successo.

7. Non contano gli anni della vita, ma la vita
degli anni.

8. L'amore è l'energia che nutre l'anima.

9. La gratitudine trasforma ciò che abbiamo in
abbondanza.

10. La pazienza è la chiave che apre ogni porta
chiusa.

11. Ogni giorno è un regalo da sballare con
cura.

12. Il cambiamento è la sola costante nella vita.

13. La gentilezza è la lingua che i sordi possono
sentire e i ciechi possono vedere.

14. Il successo è un viaggio, non una
destinazione.

15. L'ottimismo è la chiave per aprire la porta
della possibilità.

16. Il passato è un luogo di riferimento, non di
residenza.

17. La bellezza risiede nella diversità della vita.

18. La vita è fatta di momenti, non solo di ricordi.

19. L'autenticità è la chiave per connessioni significative.

20. Chi semina felicità raccoglie amore.

21. La saggezza è imparare dalla vita degli altri.

22. La mente è come un paracadute: funziona solo se è aperta.

23. Ogni sfida è un'opportunità di crescita.

24. La fortuna sorride agli audaci.

25. La vita è un'arte da imparare ogni giorno.

26. L'amore è la lingua universale del cuore.

27. Il rispetto reciproco è il fondamento delle relazioni durature.

28. L'aspettativa è il terreno fertile per la delusione.

29. La compassione è la lingua degli angeli.

30. Il coraggio è fare ciò che è giusto, non ciò che è facile.

31. La semplicità è la massima forma di sofisticazione.

32. Il presente è un regalo; per questo si chiama "presente".

33. La perseveranza supera l'intelligenza.

34. La gioia è una decisione, non una circostanza.

35. L'amore è il collante che tiene insieme il tessuto della vita.

36. L'onestà è il miglior biglietto da visita.

37. La mente è come un giardino, coltivala con cura.

38. La fede muove montagne, ma l'amore le abbatte.

39. La pazienza è il calmo accettare che ogni cosa ha il suo tempo.

40. Il passato è un insegnante, non una prigione.

41. La modestia è la chiave per aprire il cuore degli altri.

42. L'intelligenza è sapere che non si sa tutto.

43. L'entusiasmo è la linfa vitale della creatività.

44. La felicità è una direzione, non una destinazione.

45. Il silenzio è una risposta che parla molto.

46. Il rispetto per se stessi è il fondamento del rispetto per gli altri.

47. L'amicizia è il tesoro più prezioso della vita.

48. La gentilezza è una lingua che i sordi possono sentire e i ciechi possono vedere.

49. Il perdono è il dono che ti fai a te stesso.

50. La vita è fatta di scelte, scegli saggiamente.

Morte

La morte è un tema profondo e delicato, e gli aforismi possono essere una forma di espressione che invita alla riflessione. Ecco 50 aforismi sulla morte:

1. La morte è il sipario finale sulla scena della vita.

2. Nella morte, troviamo la fine di un capitolo, non della storia.

3. La morte è solo il passaggio da una stanza all'altra.

4. Vivere bene è prepararsi bene a morire.

5. La morte è l'unico appuntamento di cui non conosciamo l'orario.

6. Ogni fiore deve sfiorire, ma il loro profumo rimane.

7. Nella morte, troviamo la risposta a tutte le domande della vita.

8. La morte è il destino comune che rende preziosa ogni singola vita.

9. Ogni tramonto è un ricordo della breve durata della vita.

10. La morte è il grande mistero che avvolge il nostro essere.

11. Nell'oscurità della morte, la luce della memoria brilla intensamente.

12. La morte non è la fine, ma un nuovo inizio.

13. Ogni vita è un breve bagliore di luce nell'eternità.

14. La morte è la riconciliazione finale con la vita.

15. Attraverso la morte, troviamo la libertà dalla sofferenza.

16. La morte è il confine che ci unisce tutti.

17. Nella morte, troviamo la pace che la vita spesso ci nega.

18. Ogni stella nel cielo è una vita che ha raggiunto la sua fine.

19. La morte è la parte oscura dell'arco della vita.

20. Ogni respiro è un passo più vicino al nostro ultimo.

21. La morte è il silenzioso canto del cigno della vita.

22. Ogni caduta delle foglie è un ricordo della morte imminente.

23. Nell'abbraccio della morte, troviamo la fine di ogni dolore.

24. La morte è il confine che rende ogni momento della vita significativo.

25. Ogni goccia di pioggia è una lacrima del cielo per le anime perdute.

26. Nella morte, troviamo la verità nascosta dietro l'illusione della vita.

27. Ogni alba è un nuovo inizio, anche dopo la notte eterna della morte.

28. La morte è il capitolo finale di una storia unica.

29. Nell'ombra della morte, troviamo la luce dell'eternità.

30. Ogni onda che si infrange sulla riva è un sussurro della morte.

31. La morte è il grande uguagliatore tra ricchi e poveri.

32. Nella morte, troviamo la fine della corsa e la quiete della meta.

33. Ogni passo è un passo più vicino al nostro ultimo saluto.

34. La morte è il grande mistero che ci accompagnerà per tutta la vita.

35. Nell'infinità del cosmo, la morte è solo una piccola stella spenta.

36. Ogni foglia che cade è un piccolo addio alla vita.

37. La morte è l'unico viaggio di cui nessuno può fare ritorno.

38. Nella morte, troviamo la liberazione dai legami terreni.

39. Ogni tramonto è una promessa di un nuovo inizio nella morte.

40. La morte è il poeta silenzioso che conclude la nostra storia.

41. Ogni freccia del tempo ci avvicina alla nostra inevitabile fine.

42. Nell'ombra della morte, la luce della memoria brilla per sempre.

43. La morte è la danza finale della vita.

44. Ogni stella cadente è un desiderio che si avvera nella morte.

45. Nella morte, troviamo la verità senza maschere.

46. Ogni respiro è un passo verso la soglia della vita.

47. La morte è la lunga ombra proiettata dalla
luce della vita.

48. Nell'ultimo sospiro, troviamo la liberazione
dalla carne.

49. Ogni foglia che cade è un piccolo capitolo
che si chiude.

50. La morte è il grande viaggio che attende
ciascuno di noi.

Uomo

1. L'uomo è l'architetto del suo destino.

2. La grandezza di un uomo si misura nei suoi
atti, non nelle sue parole.

3. L'uomo è una creatura in costante
evoluzione.

4. Ogni uomo è un'isola, ma nessun uomo è un
continente intero.

5. L'uomo è l'unico animale che può arrossire o
essere orgoglioso.

6. Il coraggio di un uomo definisce la sua forza interiore.

7. L'uomo saggio impara più dalle sue sconfitte che dalle vittorie.

8. L'uomo è fatto di polvere di stelle, con sogni intessuti di luce.

9. L'uomo è un mistero che la natura stessa cerca di risolvere.

10. Ogni uomo ha la chiave del proprio destino.

11. L'uomo è l'artefice del suo carattere.

12. L'uomo è un ponte tra cielo e terra.

13. L'uomo è una canzone che continua a suonare nel vento.

14. La vera grandezza di un uomo si mostra nella gentilezza.

15. L'uomo è un viaggiatore nel labirinto della vita.

16. Ogni uomo è un racconto che si scrive ogni giorno.

17. L'uomo è il capitano della sua anima.

18. Ogni uomo è un'opera d'arte in continua creazione.

19. La forza di un uomo si trova nella sua capacità di perdonare.

20. L'uomo è un cacciatore di stelle, sempre in cerca di sogni.

21. Ogni uomo è un frammento di un universo infinito.

22. La dignità di un uomo si misura nel rispetto per gli altri.

23. L'uomo è un pellegrino sulla strada della conoscenza.

24. La saggezza di un uomo si riflette nelle sue azioni.

25. L'uomo è il custode del suo destino.

26. Ogni uomo è una storia che si svela con il tempo.

27. L'uomo è un archivista dei suoi ricordi.

28. L'uomo è un artista che dipinge la sua vita con i colori delle emozioni.

29. La compassione di un uomo illumina il cammino degli altri.

30. L'uomo è il custode del fuoco interiore.

31. Ogni uomo è un tassello nel mosaico dell'umanità.

32. L'uomo è un esploratore delle profondità della sua anima.

33. L'uomo è il guardiano della sua libertà.

34. La forza di un uomo si nutre della sua resilienza.

35. Ogni uomo è un ambasciatore della speranza.

36. L'uomo è il narratore della sua epopea personale.

37. L'uomo è un filosofo che si interroga sulla propria esistenza.

38. Ogni uomo è un viaggiatore nel tempo.

39. L'uomo è l'orchestratore della sua felicità.

40. L'uomo è un custode della terra che gli è stata affidata.

41. Ogni uomo è un capitolo nell'antologia dell'umanità.

42. L'uomo è il custode dei suoi sogni.

43. L'uomo è un capitano alla ricerca di nuovi orizzonti.

44. Ogni uomo è un poeta che scrive con il cuore.

45. L'uomo è il giardiniere del suo giardino interiore.

46. L'uomo è un guerriero nella battaglia della vita.

47. Ogni uomo è una canzone che vibra nell'universo.

48. L'uomo è il costruttore del proprio destino.

49. L'uomo è un sognatore che osa volare oltre l'orizzonte.

50. Ogni uomo è un nodo nella rete dell'esistenza.

Donne

1. "Le donne sono il colore della vita, rendono ogni giornata più vibrante."

2. "In ogni donna c'è la forza di mille stelle, pronte a brillare nel buio."

3. "Le donne sono come poesie, ognuna con il proprio stile unico."

4. "La bellezza di una donna risiede nella sua autenticità, non nelle apparenze."

5. "Una donna forte può piegarsi ma non spezzarsi, come un albero resistente al vento."

6. "La saggezza di una donna è il suo più grande ornamento."

7. "Le donne sono come il vino, migliorate con il tempo."

8. "Dietro ogni donna coraggiosa, c'è una storia di resilienza."

9. "Le donne sono architetti delle emozioni, costruttrici di connessioni."

10. "La dolcezza di una donna è come un abbraccio per l'anima."

11. "Le donne sono come stelle cadenti, portatrici di desideri e speranze."

12. "L'eleganza di una donna risiede nella sua grazia interiore."

13. "Le donne sono come fiori, donano bellezza al mondo con la loro presenza."

14. "Ogni donna è un capolavoro unico nella galleria della vita."

15. "Le donne sono faro di luce nei momenti bui della vita."

16. "Nella compassione di una donna trovi il conforto del mondo."

17. "Le donne sono guerriere silenziose, pronte a combattere per ciò in cui credono."

18. "La risoluzione di una donna è come un fiume in piena, irresistibile e potente."

19. "Le donne sono come libri aperti, pronte a condividere le loro storie."

20. "Nella gentilezza di una donna trovi la magia della generosità."

21. "Le donne sono creatori di legami, tessitori di relazioni."

22. "La passione di una donna è il fuoco che accende la vita."

23. "Nella determinazione di una donna trovi la forza di un uragano."

24. "Le donne sono come puzzle, ogni pezzo contribuisce a creare l'immagine completa."

25. "La dolcezza di una donna è un balsamo per l'anima stanca."

26. "Le donne sono come le onde dell'oceano, fluide e potenti."

27. "Nella saggezza di una donna trovi la bussola che guida verso la verità."

28. "La risata di una donna è come una melodia che rallegra il cuore."

29. "Le donne sono come le stelle del mattino, portatrici di speranza per un nuovo giorno."

30. "Nella delicatezza di una donna trovi la forza silenziosa della gentilezza."

31. "La capacità di una donna di amare è il suo superpotere più grande."

32. "Le donne sono come artisti, dipingono il mondo con i colori dell'amore."

33. "Nel coraggio di una donna trovi la determinazione di scalare ogni montagna."

34. "La perseveranza di una donna è come una fiamma che non si spegne mai."

35. "Le donne sono come libellule, leggere e luminose nel loro volo."

36. "Nella gratitudine di una donna trovi la ricchezza del cuore."

37. "La generosità di una donna è come una fonte che non si esaurisce mai."

38. "Le donne sono come farfalle, trasformano ogni sfida in una nuova opportunità."

39. "Nella gentilezza di una donna trovi la forza della sua anima."

40. "La fiducia di una donna è la sua corona, indossata con dignità."

41. "Le donne sono come lune, riflettono la luce anche nelle notti più buie."

42. "Nella resilienza di una donna trovi la capacità di rinascere ogni giorno."

43. "La compassione di una donna è come una carezza per l'anima ferita."

44. "Le donne sono come poesie, scritte con il cuore e lette con l'anima."

45. "Nell'amore di una donna trovi la forza di guarire le ferite più profonde."

46. "La determinazione di una donna è come una freccia che raggiunge sempre il suo bersaglio."

47. "Le donne sono come le foglie, portatrici di bellezza in ogni stagione della vita."

48. "Nella modestia di una donna trovi la vera grandezza del suo spirito."

49. "La saggezza di una donna è come un faro, guidando nella notte dell'incertezza."

50. "Le donne sono come il vento, leggere ma capaci di plasmare la terra."

Fratelli

1. "I fratelli sono come stelle: anche se non sempre li vedi, sai che sono sempre lì."

2. "Tra fratelli, le parole non sono sempre necessarie; il cuore comprende senza bisogno di spiegazioni."

3. "Nel viaggio della vita, i fratelli sono le guide più fidate."

4. "L'amore tra fratelli è un legame indissolubile, un tesoro che cresce con il tempo."

5. "I fratelli sono le radici che ci tengono ancorati alla nostra storia familiare."

6. "Insieme o lontani, il legame tra fratelli è come un filo invisibile che non si spezza mai."

7. "Un fratello è il migliore compagno di avventure che la vita possa offrire."

8. "I fratelli sono come angeli terrestri inviati per rendere la vita più dolce."

9. "Tra fratelli, la competizione è un gioco e l'amore è la vera vittoria."

10. "Nelle risate condivise tra fratelli, si trova la vera gioia."

11. "I fratelli sono come pagine di un libro: ciascuno contribuisce a scrivere la storia della famiglia."

12. "Condividere la stessa infanzia crea legami indissolubili tra fratelli."

13. "I fratelli sono come la bussola che ci orienta quando ci sentiamo persi nella vita."

14. "Tra fratelli, il perdono è istintivo, l'amore è
incondizionato."

15. "I fratelli sono il nostro primo pubblico e il
nostro più grande sostegno."

16. "La forza dei legami fraterni sta nella
diversità che arricchisce la famiglia."

17. "Un fratello è un amico che la vita ti regala,
un tesoro da custodire sempre."

18. "I ricordi condivisi tra fratelli sono tesori
che durano per tutta la vita."

19. "La complicità tra fratelli è una melodia che
risuona nel cuore."

20. "I fratelli sono la nostra storia vivente, il
legame tra passato, presente e futuro."

21. "Nella danza della vita, i fratelli sono i
partner perfetti."

22. "Un fratello è il miglior compagno di
avventura, pronto a condividere sia le risate che
le lacrime."

23. "Tra fratelli, l'amore è un linguaggio
universale che supera ogni differenza."

24. "I fratelli sono il nostro primo punto di riferimento, il faro che ci guida nelle tempeste della vita."

25. "L'amore tra fratelli è come un giardino: va coltivato con cura affinché fiorisca."

26. "Con un fratello al tuo fianco, nessuna sfida è troppo grande da affrontare."

27. "I fratelli sono come pezzi di un puzzle: ognuno è fondamentale per completare l'immagine della famiglia."

28. "L'amore fraterno è un legame indistruttibile che nemmeno il tempo può sfiorare."

29. "Un fratello è un amico che la vita ti ha dato, un confidente per tutte le stagioni."

30. "Tra fratelli, le divergenze sono solo nuove opportunità per imparare e crescere insieme."

31. "I fratelli sono i custodi dei segreti familiari, gli archivisti delle risate e delle lacrime."

32. "Nel libro della vita, i fratelli sono i capitoli che rendono la storia completa."

33. "Tra fratelli, la comprensione è implicita, l'amore è infinito."

34. "Un fratello è il miglior complice per condividere segreti e progetti audaci."

35. "I fratelli sono come costellazioni, punti luminosi che guidano il nostro cammino."

36. "L'amore tra fratelli è un canto silenzioso, una melodia che solo il cuore può udire."

37. "Con un fratello accanto, ogni giorno diventa un'avventura senza fine."

38. "Nelle dispute tra fratelli, l'amore è sempre più grande delle divergenze."

39. "I fratelli sono come angeli silenziosi, sempre presenti anche quando non li vediamo."

40. "Un fratello è un tesoro nascosto, un dono prezioso che solo pochi hanno la fortuna di possedere."

41. "Tra fratelli, l'affetto è espresso non solo nelle parole, ma anche nei piccoli gesti di ogni giorno."

42. "Con un fratello al tuo fianco, la solitudine diventa un concetto estraneo."

43. "L'amore tra fratelli è un legame eterno che nessuna distanza può interrompere."

44. "I fratelli sono il nostro specchio, riflettono chi siamo e chi possiamo diventare."

45. "Nel cuore di ogni fratello, c'è un posto speciale riservato solo a te."

46. "L'amore tra fratelli è un fuoco che arde costantemente, riscaldando anche i giorni più freddi."

47. "Un fratello è il tuo primo amico, il più antico compagno di giochi e confidente."

48. "Tra fratelli, la fiducia è un legame indissolubile che si rafforza con il tempo."

49. "L'amore fraterno è come un giardino segreto, pieno di fiori delicati e profumi incantevoli."

50. "Con un fratello al tuo fianco, ogni sfida diventa

Sorelle

1. "Le sorelle sono come stelle luminose nella notte della vita."

2. "Tra le pieghe del tempo, il legame con una sorella è un ricordo eterno."

3. "Le risate condivise con una sorella sono frammenti di felicità eterna."

4. "Sorelle: complici per scelta, amiche per cuore."

5. "In ogni stagione della vita, una sorella è un raggio di sole costante."

6. "Le sorelle sono il miglior archivio delle nostre follie giovanili."

7. "La forza di una famiglia risiede nel legame indissolubile tra sorelle."

8. "Le parole non dette tra sorelle parlano il linguaggio del cuore."

9. "Sorelle: condividere la gioia moltiplica l'amore."

10. "Nel giardino della vita, una sorella è il fiore più prezioso."

11. "Le sorelle sono le custodi delle nostre storie più intime."

12. "Una sorella è il tesoro che scopri nella mappa del tuo cuore."

13. "Nelle lacrime o nei sorrisi, una sorella è sempre accanto a te."

14. "Le lotte con una sorella rafforzano il legame del cuore."

15. "Sorelle: connessione senza fili, ma con cuori interconnessi."

16. "Le promesse tra sorelle sono giurate nell'eternità del loro legame."

17. "Le risate con una sorella risuonano come melodia nella memoria."

18. "Sorelle: complici nei segreti, sostenitrici nei sogni."

19. "Le differenze tra sorelle sono la melodia perfetta dell'armonia familiare."

20. "Una sorella è il capitolo segreto nel libro della tua vita."

21. "Le nostre storie, intrecciate come fili di una tela, fanno un quadro di amore tra sorelle."

22. "Le sfide con una sorella rafforzano le fondamenta della nostra amicizia."

23. "Sorelle: gli angeli della nostra vita terrena."

24. "La connessione tra sorelle è un legame che nessun tempo può interrompere."

25. "Le canzoni condivise con una sorella diventano l'inno della tua vita."

26. "Nelle giornate grigie, una sorella è il raggio di sole che illumina il cielo."

27. "Sorelle: il supporto silenzioso che dura per sempre."

28. "Il cuore di una sorella è un rifugio sicuro per ogni tempesta."

29. "Le avventure con una sorella sono le pagine d'oro nel libro della tua infanzia."

30. "Nelle lotte quotidiane, una sorella è il tuo più grande alleato."

31. "Sorelle: le radici che tengono saldo l'albero della nostra famiglia."

32. "I consigli di una sorella sono le stelle guida nella notte dell'incertezza."

33. "Le discussioni con una sorella sono come le onde che scolpiscono la roccia della nostra comprensione reciproca."

34. "Sorelle: il tempo può cambiare, ma il nostro legame resta saldo."

35. "Le foto con una sorella raccontano storie senza bisogno di parole."

36. "Una sorella è la compagna di viaggio nella nostra avventura chiamata vita."

37. "Le nostre differenze sono le note che creano la melodia perfetta della nostra armonia sororale."

38. "Sorelle: il miglior antidoto contro la solitudine."

39. "Nelle risate con una sorella, trovi l'antidoto alla tristezza."

40. "Le storie condivise con una sorella diventano leggende familiari."

41. "Sorelle: la colla che tiene insieme i frammenti della nostra storia familiare."

42. "Nel giardino delle relazioni, una sorella è il fiore più prezioso."

43. "Le sorprese con una sorella rendono la vita più dolce."

44. "Sorelle: il legame del cuore che non si spezza mai."

45. "Le avversità con una sorella sono le prove che rafforzano il nostro legame."

46. "Le avventure con una sorella sono i capitoli più emozionanti del libro della nostra vita."

47. "Sorelle: il tempo può portare cambiamenti, ma il nostro amore rimane inalterato."

48. "Le discussioni con una sorella sono come il tuono che prelude alla serenità."

49. "Sorelle: il nostro legame è come una poesia senza fine."

50. "Nelle memorie con una sorella, trovi il tesoro più prezioso della tua vita."

Padri

1. "Il padre è il primo eroe nella vita di un figlio."

2. "Il sorriso di un padre è la luce che guida il cammino dei suoi figli."

3. "Essere padre è un mestiere che richiede cuore, forza e infinita pazienza."

4. "Un padre è come una quercia, forte e radicato, fornendo ombra e sostegno."

5. "Il tempo con il padre è il tesoro più prezioso di un figlio."

6. "I padri sono architetti di speranze e custodi di sogni."

7. "Un padre insegna con l'esempio più che con le parole."

8. "La mano di un padre è sempre pronta a sostenere e guidare."

9. "Un padre è un amico che cammina al tuo fianco per tutta la vita."

10. "Nella saggezza di un padre, si trova la risposta a molte domande."

11. "Padre: guida amorevole, amico instancabile, eroe discreto."

12. "Un padre è il faro che illumina il percorso della famiglia."

13. "Il cuore di un padre è un tesoro inesauribile di amore."

14. "Un padre insegna il valore del lavoro duro e della perseveranza."

15. "Il legame tra un padre e un figlio è indissolubile, scritto nel cuore."

16. "Un padre è la forza silenziosa che sostiene la famiglia."

17. "Padre, l'esempio di gentilezza che illumina la casa."

18. "Un padre è colui che dà senza aspettarsi nulla in cambio."

19. "Nella semplicità di un abbraccio, il padre comunica amore infinito."

20. "Il rispetto per un padre cresce con il tempo, come un vino pregiato."

21. "I padri sono poeti che compongono canzoni d'amore attraverso le loro azioni."

22. "Il sorriso di un padre è la melodia più dolce nell'orchestra della vita."

23. "Un padre è il miglior alleato nei momenti difficili e nelle vittorie."

24. "Nel giardino della famiglia, il padre è il custode delle rose."

25. "Il padre è il timone che guida la nave familiare attraverso le tempeste e le acque tranquille."

26. "Il coraggio di un padre è il faro che guida la famiglia attraverso le tempeste."

27. "Padre: il pilastro che sostiene la struttura della famiglia."

28. "La presenza di un padre è il miglior regalo che un figlio possa ricevere."

29. "Il legame tra un padre e una figlia è un racconto d'amore senza fine."

30. "Padre, colui che insegna il valore del rispetto e dell'integrità."

31. "Un padre è la prima guida nella danza della vita di sua figlia."

32. "Il consiglio di un padre è un tesoro di saggezza che dura per sempre."

33. "Padre: il direttore d'orchestra che armonizza la sinfonia della famiglia."

34. "La voce di un padre è la melodia che culla il sonno dei suoi figli."

35. "Il lavoro di un padre è scolpire il futuro con amore e dedizione."

36. "Padre, il navigatore che traccia la rotta attraverso le onde della vita."

37. "Un padre è un pilastro che regge la famiglia con forza e stabilità."

38. "Il legame tra un padre e suo figlio è la linfa vitale che nutre l'albero della vita."

39. "Padre: il pittore che colora i ricordi indelebili nella mente dei suoi figli."

40. "La gentilezza di un padre è come un sole che splende anche nei giorni nuvolosi."

41. "Il coraggio di un padre è il faro che illumina il percorso delle generazioni future."

42. "Padre: l'architetto che costruisce la struttura resistente dell'amore familiare."

43. "La dedizione di un padre è un fuoco che brucia costantemente nell'altare della famiglia."

44. "Il silenzio di un padre parla più forte di mille parole, trasmettendo amore e comprensione."

45. "Il legame tra un padre e sua figlia è un'eterna danza di affetto e fiducia."

46. "Padre: il giardiniere che cura ogni germoglio di speranza nei cuori dei suoi figli."

47. "La saggezza di un padre è il tesoro nascosto che arricchisce la vita della sua famiglia."

48. "Il legame tra un padre e suo figlio è un'opera d'arte, scolpita con amore e impegno."

49. "Padre: l'artista che dipinge la tela della famiglia con pennellate di amore e pazienza."

50. "Il coraggio di un padre è un faro che guida la famiglia attraverso le notti più oscure."

Madri

1. "Le madri sono architetti dell'amore,
costruiscono case nei cuori dei loro figli."

2. "Il cuore di una madre è un giardino in cui
crescono i fiori più belli dell'amore."

3. "Le madri sono poesie scritte con affetto e
luce nei nostri giorni."

4. "Il sorriso di una madre è il riflesso della
gioia dei suoi figli."

5. "Le madri sono artisti, dipingono il mondo
con i colori dell'amore."

6. "La forza di una madre risiede nella dolcezza
del suo abbraccio."

7. "Le madri sono le stelle che guidano i nostri
passi nella notte buia della vita."

8. "Nel libro della vita, il capitolo più bello è
scritto con la mano di una madre."

9. "Le madri sono faro e porto sicuro nella
tempesta della vita."

10. "Il legame tra madre e figlio è il più dolce
degli accordi."

11. "Il coraggio di una madre è come una
lezione scolpita nella roccia dell'eternità."

12. "Le madri insegnano senza parole e amano senza riserve."

13. "Il calore di una madre è la coperta più accogliente nei giorni freddi della vita."

14. "Nel giardino della vita, la madre è il fiore più profumato."

15. "Il dono di una madre è il tesoro più prezioso nella scatola dei ricordi."

16. "Le madri sono le nostre prime insegnanti di amore e compassione."

17. "Il coraggio di una madre è la luce che illumina il cammino della famiglia."

18. "Le madri sono architetti di sogni, costruiscono ponti tra passato e futuro."

19. "Il cuore di una madre è un santuario di amore inesauribile."

20. "Le madri sono maestre di pazienza, lezioni che durano tutta la vita."

21. "Il sorriso di una madre è il riflesso della sua eterna giovinezza."

22. "Nel libro della vita, ogni pagina è scritta con il nome di una madre."

23. "Le madri sono come stelle cadenti, illuminano il cielo delle nostre notti più oscure."

24. "Il coraggio di una madre è la chiave che apre ogni porta chiusa."

25. "Le madri sono come le stelle del mattino, portano la luce di un nuovo giorno."

26. "Il legame tra madre e figlia è un filo d'oro intessuto nel tessuto del tempo."

27. "Le madri sono poesie che camminano tra di noi."

28. "La bellezza di una madre risiede nella gentilezza del suo cuore."

29. "Il sacrificio di una madre è l'offerta più grande sull'altare dell'amore."

30. "Le madri sono le api che raccolgono il miele dell'affetto nelle giornate soleggiate e nelle tempeste."

31. "Il cuore di una madre è il porto sicuro dove ancorare le proprie emozioni."

32. "Le madri sono come radici profonde, nutrono la vita con amore instancabile."

33. "La saggezza di una madre è un faro che guida nella notte del dubbio."

34. "Il legame tra madre e figlio è un canto eterno nel coro della vita."

35. "Le madri sono architetti di speranze, costruiscono castelli di sogni nei cieli dei loro figli."

36. "Il coraggio di una madre è la luce che dissolve le tenebre della paura."

37. "Le madri sono custodi di segreti, custodi di amore senza fine."

38. "Il sorriso di una madre è la poesia più dolce che un figlio può leggere."

39. "Nel cuore di una madre, ogni figlio è un capolavoro unico."

40. "Le madri sono come le onde dell'oceano, portano amore e speranza con la loro risacca costante."

41. "Il legame tra madre e figlio è un racconto senza fine, scritto con le perle della memoria."

42. "Le madri sono come l'aurora, portano la luce di un nuovo inizio."

43. "Il coraggio di una madre è il vento che spinge le vele della famiglia nelle acque della vita."

44. "Le madri sono come l'arcobaleno, portano colori di amore e gioia nelle giornate grigie."

45. "Il cuore di una madre è un giardino fiorito, coltivato con amore."

46. "Le madri sono come le stelle del firmamento, illuminano il buio della notte."

47. "La forza di una madre è la radice profonda che sostiene l'albero della famiglia."

48. "Le madri sono come le stagioni, portano cambiamenti dolci e accoglienti."

49. "Il legame tra madre e figlia è un nastro di amore che intreccia i giorni e le notti."

50. "Le madri sono come le fate, con bacchette magiche di affetto e cure."

Nonni

1. "I nonni sono le stelle nella notte della nostra infanzia."

2. "Nel cuore dei nonni, trovi sempre amore senza fine."

3. "I nonni sono le radici che rendono forte l'albero della famiglia."

4. "Le storie dei nonni sono come fiabe, piene di saggezza e magia."

5. "La ruga dei nonni è una mappa del tempo, segnata da anni di amore."

6. "I nonni sono il legame tra passato e futuro, il ponte che connette le generazioni."

7. "Nel calore del nonno e nella dolcezza della nonna, trovi il conforto che il mondo non può dare."

8. "La memoria dei nonni è un tesoro, ricca di racconti e esperienze."

9. "Nel giardino dei nonni cresce l'amore eterno."

10. "I nonni sono come il sole, diffondono calore e luce ovunque vadano."

11. "Le mani dei nonni sono intrise di storia, amore e magia."

12. "I nonni insegnano che l'amore è il linguaggio universale della famiglia."

13. "La saggezza dei nonni è il faro che ci guida nei momenti di buio."

14. "I nonni sono maestri dell'arte di ascoltare, impariamo da loro la bellezza del silenzio."

15. "Nella cucina dei nonni, il cibo è condito con amore e ricordi."

16. "I nonni sono come le radici di un albero, forti e profonde."

17. "I nonni ci insegnano che l'amore è il più grande regalo che possiamo donare."

18. "Nel giardino dei nonni, fiorisce l'affetto che cresce per sempre."

19. "I nonni sono guardiani dei segreti familiari e custodi delle tradizioni."

20. "Le risate dei nonni sono come melodie che riempiono la casa di gioia."

21. "I nonni ci mostrano che la gentilezza è la chiave per aprire ogni cuore."

22. "Nella casa dei nonni, ogni stanza racconta una storia."

23. "I nonni ci insegnano che l'amore cresce quando è condiviso."

24. "Nel guardaroba dei nonni, trovi vestiti di storie e tessuti di affetto."

25. "I nonni sono architetti della famiglia, costruiscono legami che durano per sempre."

26. "La saggezza dei nonni è come un libro aperto, sempre pronto a insegnare."

27. "I nonni sono maestri dell'arte di donare senza chiedere nulla in cambio."

28. "Nella scatola dei ricordi dei nonni, ogni foto racconta una dolce storia."

29. "La cucina dei nonni è il cuore della casa, dove si mescolano amore e sapori."

30. "I nonni ci insegnano che la bellezza è dentro di noi e va oltre l'apparenza."

31. "Le mani dei nonni sono come balsamo, leniscono ogni ferita con affetto."

32. "I nonni ci ricordano che anche le piccole cose possono portare grandi gioie."

33. "Nel gioco dei nonni, scopriamo che l'infanzia è un tesoro che dura per sempre."

34. "I nonni sono come angeli custodi, sempre pronti a proteggere e amare."

35. "La cucina dei nonni è un laboratorio di amore, dove si mescolano ingredienti magici."

36. "I nonni sono come l'aurora, portano una nuova luce nella vita di ogni nipote."

37. "Nel libro della vita, i nonni sono i capitoli più preziosi."

38. "I nonni ci insegnano che l'empatia è la chiave per capire gli altri."

39. "Le risate dei nonni sono come melodie senza tempo che rimangono nel cuore."

40. "Nella sala da pranzo dei nonni, ogni pasto è un banchetto di amore e condivisione."

41. "I nonni sono maestri nell'arte di donare consigli senza giudicare."

42. "Nel giardino dei nonni, le rose rappresentano l'amore che cresce ogni giorno."

43. "La casa dei nonni è il luogo dove si costruiscono ricordi indelebili."

44. "I nonni ci insegnano che la gentilezza è la lingua universale dell'amore."

45. "Nel cassetto dei nonni, troviamo cartoline di esperienze e biglietti d'affetto."

46. "I nonni ci mostrano che la pazienza è la chiave per superare ogni difficoltà."

47. "Le mani dei nonni sono come mappe che narrano storie di vita e amore."

48. "Nel guardaroba dei nonni, ogni indumento è un ricordo che abbraccia il passato."

49. "I nonni ci insegnano che l'amore è la colla che tiene insieme ogni famiglia."

50. "Nel cuore dei nonni, troverai spazi in cui l'amore continua a crescere."

Viaggi

1. "Viaggiare è il modo migliore per riempire la tua vita di storie, non di cose."

2. "Il vero viaggio di scoperta non consiste nel cercare nuove terre, ma nell'avere nuovi occhi."

3. "Ogni viaggio è un'opportunità per incontrare una versione migliore di te stesso."

4. "I viaggi non sono mai una questione di destinazione, ma di scoperta interiore."

5. "La bellezza di un viaggio sta nelle sorprese che incontriamo lungo la strada."

6. "Viaggiare è l'arte di perdere se stessi e trovare qualcosa di nuovo."

7. "Le avventure non iniziano fino a quando non ti perdi."

8. "Un viaggiatore vede ciò che vede, un turista vede ciò che è venuto a vedere."

9. "Il mondo è un libro, e chi non viaggia ne legge solo una pagina."

10. "Il viaggio non inizia e non finisce, ma continua eternamente lungo il sentiero delle vite che tocca."

11. "Le migliori storie sono raccolte lungo la strada, non nel punto di arrivo."

12. "Viaggiare è un'arte, e ogni passo è una pennellata sulla tela della tua esperienza."

13. "Il viaggio ti rende modesto. Ti fa vedere quanto è piccolo il posto che occupi nel mondo."

14. "Il vero viaggio non ha una destinazione finale, solo una serie di tappe lungo il cammino."

15. "I viaggi ci insegnano a vedere il mondo con occhi curiosi e cuori aperti."

16. "Un viaggiatore è colui che cerca, non necessariamente trova, ma continua a cercare."

17. "I viaggi sono il collante dell'anima, unendo cuori attraverso esperienze condivise."

18. "La felicità non è una destinazione, ma una strada percorsa viaggiando."

19. "Chiunque può viaggiare, ma solo coloro che si perdono trovano la vera avventura."

20. "Il viaggio è la risposta perfetta alla noia, alla routine e alla monotonia."

21. "I viaggi rendono la vita misurabile non in anni, ma in esperienze."

22. "La via per la saggezza è sempre stata attraverso il viaggio."

23. "Non c'è nulla di più gratificante che tornare a casa con una mente aperta e il cuore ricco di ricordi."

24. "Viaggiare è come sognare ad occhi aperti, lasciando che la realtà superi l'immaginazione."

25. "Il viaggio è l'unico acquisto che rende più ricchi."

26. "Le frontiere non sono solo linee sulla mappa, ma opportunità di scoprire il nuovo e l'inusuale."

27. "Viaggiare è una forma di apprendimento che va oltre ciò che può essere insegnato in un libro."

28. "Un viaggiatore è un poeta senza inchiostro, dipingendo il mondo con le proprie esperienze."

29. "L'avventura chiama, e solo coloro che rispondono possono scoprire ciò che si cela dietro l'orizzonte."

30. "I viaggi ci insegnano a vedere la bellezza nelle cose semplici e la grandezza nelle piccole cose."

31. "Lasciati trasportare dai venti del destino e scopri i tesori nascosti lungo il tuo cammino."

32. "Nel viaggio, non si contano i passi, ma le emozioni che si susseguono."

33. "La saggezza di un viaggiatore risiede nella sua capacità di adattarsi al cambiamento e abbracciare l'ignoto."

34. "Un viaggio lungo inizia con un solo passo, ma è il secondo che ti rende consapevole della tua avventura."

35. "Il viaggio è il migliore insegnante, offrendo lezioni di vita senza fine."

36. "I viaggiatori non cercano solo luoghi, ma esperienze che trasformano la loro visione del mondo."

37. "L'avventura è là fuori, aspettando chiunque abbia il coraggio di intraprenderla."

38. "Viaggiare è come innamorarsi: il mondo diventa più grande, ma ci sentiamo più piccoli."

39. "I viaggi ci insegnano a camminare con passo leggero, lasciando solo impronte di gratitudine dietro di noi."

40. "Il cuore di un viaggiatore è una bussola sempre orientata verso l'ignoto."

41. "La libertà di viaggiare è la chiave per sbloccare la porta dell'anima avventurosa."

42. "Il viaggio è la danza tra il passato e il futuro, con il presente come il passo perfetto."

43. "Viaggiare è come svelare un libro, pagina dopo pagina, fino a quando scopri l'essenza della storia."

44. "Un viaggiatore non è mai veramente solo, perché il mondo è pieno di amici che aspettano di essere conosciuti."

45. "La via meno battuta è spesso quella che porta alle scoperte più straordinarie."

46. "Ogni viaggio inizia con una domanda: 'E se...?'"

47. "Viaggiare è la risposta quando non sai cosa fare della tua vita."

48. "Il mondo è un palcoscenico, e ogni luogo è una performance unica da sperimentare."

49. "

Viaggiare è una danza tra il coraggio di partire
e la speranza di tornare arricchiti."

50. "La magia dei viaggi risiede nel fatto che
ogni strada percorribile può condurre a una
nuova avventura."

Libri

1. "I libri sono finestre attraverso le quali
possiamo osservare mondi nuovi."

2. "Un buon libro è un compagno che ti
accompagna ovunque."

3. "Le pagine dei libri sono il passaporto per
terre inesplorate."

4. "I libri sono tesori che arricchiscono la
mente."

5. "La lettura è il viaggio più affascinante, e
ogni libro è una destinazione diversa."

6. "I libri sono specchi che riflettono l'anima di
chi li legge."

7. "Le parole dei libri sono semi che crescono nei giardini della conoscenza."

8. "Un libro aperto è una porta verso un mondo migliore."

9. "I libri sono amici silenziosi che parlano al cuore."

10. "Tra le pagine di un libro si nasconde un universo di emozioni."

11. "Chi apre un libro, apre una nuova avventura."

12. "I libri sono ponti che collegano le persone attraverso il tempo e lo spazio."

13. "L'odore di un libro è il profumo della conoscenza."

14. "I libri sono faro nelle notti oscure dell'ignoranza."

15. "Le storie dei libri sono fili che intrecciano il tessuto della nostra comprensione."

16. "Un libro è un compagno fedele in ogni stagione della vita."

17. "Le parole sono la magia dei libri che trasformano le lettere in mondi."

18. "I libri sono il nutrimento dell'anima."

19. "Un libro ben scritto è un tesoro nascosto."

20. "Le pagine dei libri sono impronte digitali di menti straordinarie."

21. "Chi legge vive mille vite in una sola esistenza."

22. "I libri sono il passato, il presente e il futuro racchiusi tra le pagine."

23. "Leggere è viaggiare senza lasciare la propria sedia."

24. "La lettura è una conversazione con le menti più grandi della storia."

25. "I libri sono cibo per l'anima, nutriti dalla saggezza e dalla creatività."

26. "Leggere è scoprire la bellezza delle parole e la forza delle idee."

27. "I libri sono lanternine che illuminano il cammino della conoscenza."

28. "La lettura è un atto di libertà che apre porte mentali."

29. "I libri sono l'arca del sapere che attraversa le acque del tempo."

30. "Ogni libro è un tassello che contribuisce a costruire la nostra comprensione del mondo."

31. "Leggere è viaggiare senza limiti, superando confini e frontiere."

32. "I libri sono come amici che ci aspettano sempre a braccia aperte."

33. "La biblioteca è il tempio dell'anima, dove si custodisce il sapere."

34. "Un libro è un regalo che puoi aprire e riaprire infinitamente."

35. "Leggere è un atto di resistenza contro l'oblio e l'ignoranza."

36. "I libri sono chiavi che aprono porte segrete nel labirinto della conoscenza."

37. "Un libro è un viaggio senza fine, una corsa senza meta."

38. "Le parole dei libri sono note dolenti e melodie gioiose."

39. "La lettura è un'arte che dipinge immagini con le parole."

40. "I libri sono come fari che guidano le navi perdute nella tempesta della vita."

41. "La lettura è un balsamo per l'anima, lenisce ferite e nutre la mente."

42. "Ogni libro è un tassello colorato nel mosaico della nostra cultura."

43. "Leggere è danzare con le parole sulla melodia della mente."

44. "I libri sono le ali della mente, permettono di volare oltre i confini del quotidiano."

45. "La biblioteca è il giardino segreto della mente, un'oasi di tranquillità."

46. "Un libro è un compagno che non giudica, solo accoglie e arricchisce."

47. "La lettura è una finestra aperta su mondi inesplorati e orizzonti infiniti."

48. "I libri sono il cibo dell'anima, nutrienti e sostanziosi."

49. "Leggere è un viaggio senza tempo, un'avventura senza limiti."

50. "Ogni libro è un frammento di vita, un pezzo di cuore offerto al lettore."

Leggi, Ama, Vivi!